Darluniau o Lyfr Cyfraith Hywel Dda

Illustrations from a Welsh Lawbook

PENIARTH 28

Daniel Huws

Ail argraffiad
Second edition

Llyfrgell Genedlaethol Cymru
The National Library of Wales
2008

Peniarth 28

Cyfraith Hywel oedd yr enw gan Gymry yr Oesoedd Canol ar eu cyfraith frodorol. Collodd hi ei blaenoriaeth wedi goresgyn Cymru gan Edward I a Statud Rhuddlan yn 1284, ond fe barhaodd yn elfen bwysig yn y gyfraith a weinyddwyd yng Nghymru hyd at Ddeddf Uno 1536. Mae'r ffaith fod ar glawr gymaint â deugain o lyfrau cyfraith sy'n gynharach na 1536, a'r rhan fwyaf ohonynt yn ddiweddarach na 1284, yn dyst i barhad defnyddioldeb cyfraith Hywel.

Bu farw Hywel Dda yn 949 neu 950. Yng nghyfnod olaf ei deyrnasiad yr oedd yn rheoli mwy o diriogaeth Cymru nag unrhyw frenin o'i flaen, a bron mwy nag unrhyw Gymro a ddaeth ar ei ôl. Nodweddwyd ei deyrnasiad gan gyfnod o heddwch. Yr oedd Hywel felly mewn safle lle gallai hyrwyddo diwygiad ac unffurfiaeth yn y gyfraith Gymreig; y tebyg yw fod y gyfraith sy'n dwyn ei enw yn cynnwys cnewyllyn dilys o gyfraith a gynullwyd yn amser Hywel. Mae astudiaethau ar destunau'r llyfrau cyfraith yn awgrymu fod traddodiad ysgrifenedig hir i lawer o'u cynnwys, traddodiad sy'n debyg o fynd yn ôl o leiaf mor bell â chyfnod Hywel. Ac eto, nid oes ar glawr un llyfr sy'n gynharach nag ail chwarter y drydedd ganrif ar ddeg. Yn ogystal â chnewyllyn o ddeunydd cynnar sy'n gyffredin iddynt, fe geir yn y llawysgrifau hyn ddeunydd sydd yn amlwg yn perthyn i'r ddeuddegfed a hyd yn oed i'r drydedd ganrif ar ddeg.

Cyfraith Hywel, the law of Hywel, was the name by which their native law was known to the Welsh in medieval times. The law of Hywel lost its primacy after the conquest of Wales by Edward I and the passing of the Statute of Wales in 1284, but it remained an important ingredient of the law administered in Wales until the Act of Union in 1536. The extent of its use is reflected by the survival of as many as forty lawbooks dating from before 1536, most of them later than 1284.

Hywel Dda, 'Hywel the Good', died in 949 or 950. In the latter part of his reign he ruled over a greater part of Wales than any king before him, and almost any Welsh ruler after him. His reign was a peaceful one. Hywel was in a position to promote reform and uniformity in Welsh law; there seems no reason to doubt that the law which later went under his name contained a core of material which had been brought together in Hywel's time. That the written tradition was a long one, going back at least as far as the period of Hywel, is suggested by study of the texts of the lawbooks. Yet none of the surviving books is earlier in date than the second quarter of the thirteenth century. Besides a common core of early matter, all these manuscripts contain law which is manifestly of twelfth and even thirteenth century origin.

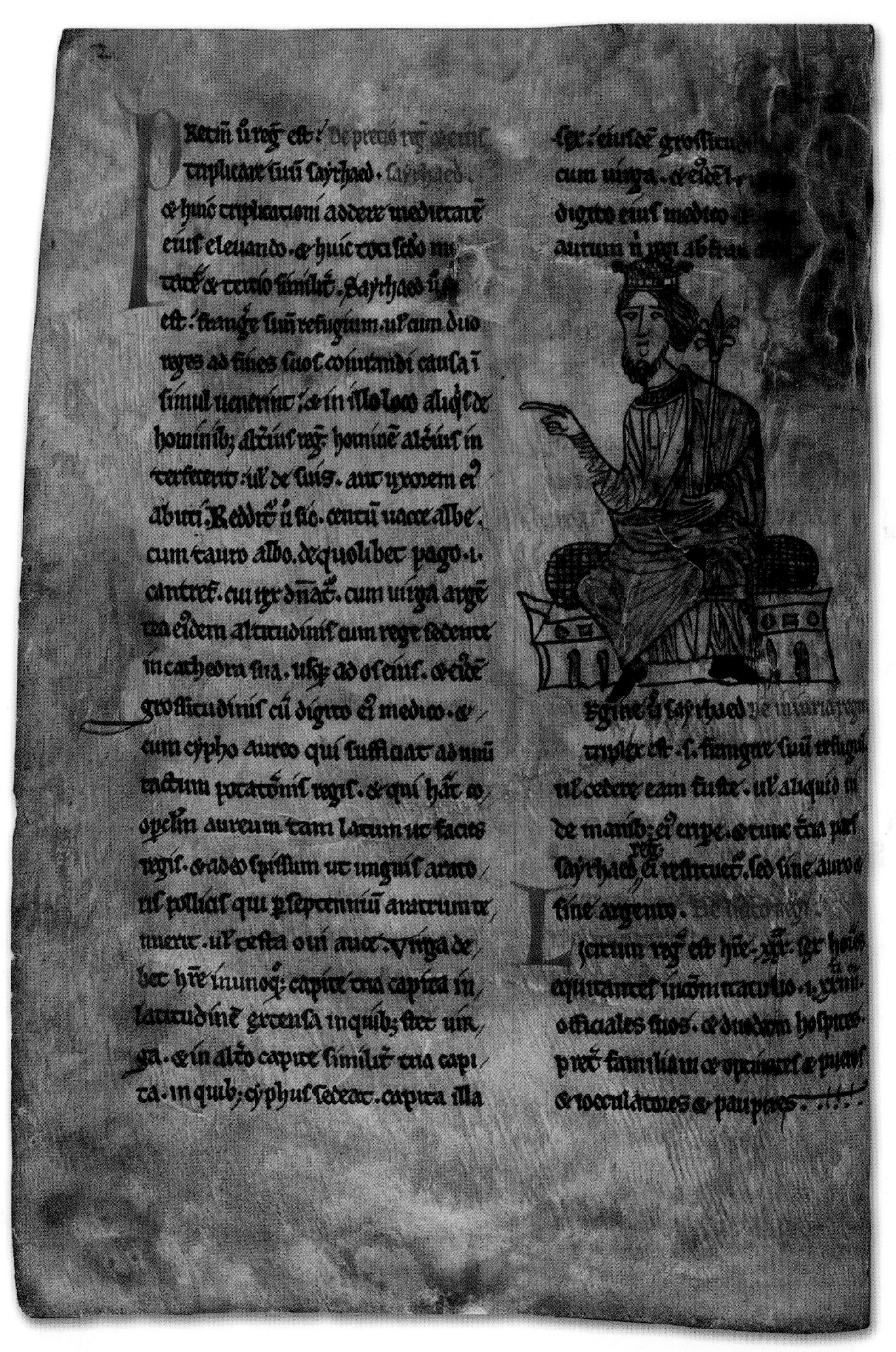

Ffol. 1ᵛ. Brenin ar ei orsedd a theyrnwialen yn ei law. Ceir peth niwed i'r ddalen hon. Atgynhyrchir yn ei maint gwreiddiol.

Fol. 1ᵛ. The King on his throne holding a sceptre. The leaf is slightly damaged. Reproduced in its original size.

Mae'r genhedlaeth gyntaf o lyfrau cyfraith, rhai ohonynt yn Lladin, rhai yn Gymraeg, yn perthyn i ddegawdau canol y drydedd ganrif ar ddeg. Nid oes dyddiad ar yr un ohonynt. Mae'r rhan fwyaf ohonynt yn tarddu o Wynedd, cartref tywysogion Cymru yn ystod canrif olaf ei hannibyniaeth. Llyfrau bychain ac ôl traul arnynt yw'r rhan fwyaf o'r llyfrau hyn, llyfrau ymarferol i'w cario o gwmpas gan wŷr y gyfraith yn hytrach na llyfrau llyfrgell. Perthyn llawysgrif Peniarth 28 yn y Llyfrgell Genedlaethol i'r to cyntaf hwn o lyfrau cyfraith. Cynnwys un o'r fersiynau Lladin ar gyfraith Hywel (testun sy'n hysbys i ysgolheigion dan yr enw 'Lladin A'). Yr hyn sydd yn ei gosod ar wahân i'r holl lawysgrifau cyfraith eraill yw'r gyfres darluniau a atgynhyrchir yn y llyfryn hwn.

Nid yw'n amlwg paham yr addurnwyd Peniarth 28 â'r gyfres lluniau. Yr esboniad tebycaf yw bod y llyfr wedi'i wneud yn gopi cyflwyno ar gyfer rhyw berson o bwys. Mae'r ffaith fod y testun yn un Lladin yn awgrymu mai ar gyfer eglwyswr yn hytrach na gŵr cyfraith neu leygwr o Gymro y gwnaethpwyd y llyfr. Erbyn tua dechrau'r bedwaredd ganrif ar ddeg yr oedd Peniarth 28 yn llyfrgell abaty Sant Awstin yng Nghaergaint. Ond cyn hynny, fe ymddengys, hwn oedd yr union lyfr y dyfynnwyd ohono gan John Pecham, archesgob Caergaint, pan ysgrifennodd ei lythyr condemniol at Lywelyn ap Gruffudd ym mis Tachwedd 1282. Ni allwn ond dyfalu sut y bu i'r llawysgrif hon ddod i ddwylo Pecham. Mae tystiolaeth y testun yn awgrymu mai rhywle yn yr hen Ddyfed yr ysgrifennwyd hi.

The first generation of the Welsh lawbooks, some written in Latin, some in Welsh, belongs to the middle decades of the thirteenth century. None of these manuscripts is dated. Most of them originate in Gwynedd, the homeland of the dominant Welsh rulers of the last hundred years of Welsh independence. Most of these books are small and well-used, practical books to be carried around by lawyers rather than books intended for libraries. Peniarth MS 28 in the National Library of Wales belongs to this first generation of lawbooks. It contains one of the Latin texts of the law of Hywel (one which is known to scholars as 'Latin Redaction A'). What sets it quite apart from all other Welsh lawbooks is the series of illustrations which is reproduced in this booklet.

Why Peniarth 28 should have been provided with illustrations is not clear. The likeliest explanation is that it was a book intended as a presentation copy for some person of importance. The fact that the text is in Latin suggests that the intended recipient may have been an ecclesiastic rather than a Welsh lawyer or layman. By about the beginning of the fourteenth century Peniarth 28 was in the library of the abbey of St Augustine's, Canterbury. But before that, it seems, this was the very copy of the law of Hywel which was cited by John Pecham, archbishop of Canterbury, when he wrote his denunciatory letter to Llywelyn ap Gruffudd, last of the independent princes of Wales, in November 1282. How the manuscript came into Pecham's hands one can only guess. The evidence of the text points to south-west Wales as the likely area of origin.

Ffol. 4r. Yr hebogydd yn dal gwalch neu hebog, a chlwyd; ynad llys (barnwr) yn ei gadair a llyfr cyfraith yn ei law. Atgynhyrchir yn ei maint gwreiddiol.

Fol. 4r. The hebogydd, *falconer, a hawk or falcon on one hand and a perch in the other; the court judge in his chair, a lawbook in his hand. Reproduced in its original size.*

Ffol. 6ʳ. Y gwastrod yn dal cyfrwy a'r cog yn lladd ieir; y gof wrth ei waith a chapan 'Phrygaidd' ar ei ben. Atgynhyrchir yn ei maint gwreiddiol.

Fol. 6ʳ. The gwastrod, *groom, holding a saddle, and the cook killing fowl; the smith at work, wearing a 'Phrygian' cap. Reproduced in its original size.*

Erbyn y drydedd ganrif ar ddeg nid peth anghyffredin oedd fod gan noddwyr cefnog ar y Cyfandir ac yn Lloegr lawysgrifau o gyfraith ganon yr Eglwys a chyfraith sifil Rhufain oedd yn cynnwys darluniau yn rhan o'u haddurn. Mae enghreifftiau hefyd o lawysgrifau cyfreithiau brodorol, megis eiddo Lloegr a'r Almaen, sy'n cynnwys lluniau. Ond mae'n anodd credu fod dylanwad unrhyw fath arall o lyfr cyfraith ar y gyfres lluniau yn Peniarth 28, ar wahân efallai i'r syniad fod lluniau yn gweddu rywsut i gopi *de luxe* o lyfr cyfraith. Hyd yn oed yng nghyd-destun cyffredinol llawysgrifau canoloesol Cymreig mae Peniarth 28 yn llyfr hynod. Ychydig iawn o'r llawysgrifau hyn sydd â darluniau yn perthyn i'w haddurn o gwbl; llai byth ohonynt sydd â lluniau ac elfen fawr o wreiddioldeb yn perthyn iddynt. Llwm oedd y traddodiad Cymreig yn hyn o beth.

By the thirteenth century illustrated manuscripts of Canon Law (the law of the Church) and of civil Roman law, produced for wealthy patrons, were no rarity on the Continent and in England. There are examples too of illustrated manuscripts of native law from England and from Germany. But it is hard to believe that the series of drawings in Penairth 28 owes anything to any other sort of lawbook, other perhaps than the idea that illustrations might be appropriate in a *de luxe* copy of a book of law. Even within the general context of Welsh medieval manuscripts Peniarth 28 is a rarity. Very few of them have any illustrations at all as part of their decoration; fewer still have illustrations which show any great degree of originality. The Welsh tradition was poor in this respect.

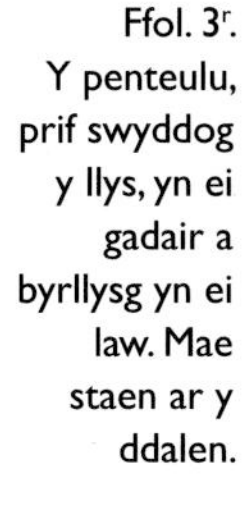

Ffol. 3^{r}. Y penteulu, prif swyddog y llys, yn ei gadair a byrllysg yn ei law. Mae staen ar y ddalen.

Fol. 3^{r}. The penteulu, chief of household, seated in his chair and holding a mace. This leaf is stained.

Ffol. 4^{v}. Y pengwastrod.

Fol. 4^{v}. The pengwastrod, chief groom.

Ffol. 5r. Y pencynydd, sef y prif heliwr, â'i gorn; dau yn cusanu, golygfa a awgrymir gan natur swyddogaeth y swyddogion a grybwyllir yn yr adran nesaf, sef gwas ystafell a morwyn ystafell.

Fol. 5r.
The pencynydd, *chief huntsman, with his horn; a kissing couple, a scene suggested by the nature of the duties of the officials mentioned in the next section – the servant and maidservant of the chamber.*

Mae'r rhan fwyaf o gelfyddyd ganoloesol yn dibynnu'n drwm ar fodelau blaenorol; amrywiai'r graddau o fenthyca a gwreiddioldeb. Yn Peniarth 28 gwelir yn llun y brenin, yr unig ddarlun y mae'n amlwg fod cynsail soffistigedig y tu ôl iddo, adlewyrchiad delw brenin y gellir gweld ei thebyg mewn llu o lawysgrifau, yn grefyddol a seciwlar, o ddiwedd y ddeuddegfed ganrif a dechrau'r drydedd ar ddeg, a hefyd ar seliau brenhinol. Gellir dyfalu fod rhai o'r lluniau anifeiliaid ac adar yn perthyn o bell i'r rhai a welir yn y llawysgrifau moethus hynny y gwyddys iddynt fod mewn rhai mynachlogydd cefnog yn Lloegr yn y cyfnod hwn, y *bestiaries*, a gweld ambell berthynas bosibl mewn llyfrau canoloesol eraill. Ond, yn gyffredinol, mae naws dyfeisio ar y pryd ar y lluniau, ambell un ohonynt yn awgrymu mwy o arfer na'i gilydd; gellir cynnig, er enghraifft, fod yr arlunydd wedi tynnu llun llawer milgi o'r blaen (neu fod ganddo fodel gan well arlunydd o'i flaen) tra bod buwch a gwenyn yn bur ddieithr iddo. Nid yw'r lluniau'n brin o fenter, beth bynnag a fo am y gelfyddyd. Ac y mae lle i dybio fod sylwadaeth ofalus y tu ôl i ambell un.

Most medieval art depended heavily on imitation of earlier models, varying in the degree of its borrowing and originality. In Peniarth 28, the drawing of the king, the one drawing which must have had sophisticated antecedents, reflects a stereotype of a king of which surviving examples can be found in a variety of manuscripts, religious and secular, of the late twelfth or early thirteenth century, and also on royal seals. One could argue that some of the drawings of animals and birds may be poor cousins of those found in those luxurious manuscripts known to have been in some English monasteries at this time, the bestiaries, while possible relations may be found in other illustrated medieval books. But, in general, the Peniarth 28 drawings have an air of improvisation, some looking more practised than others; for instance, one might suspect that the draughtsman had previously drawn a good many greyhounds (or else that he had a model by a better artist to copy from) while cows and bees were something of a novelty to him. What the drawings lack in skill they make up for in boldness. And there is reason to suppose that in their way some of them reflect careful observation.

Ffol. 6^{v}. Y rhingyll, yn dal y wayw oedd yn perthyn i'w swydd.

Fol. 6^{v}. The rhingyll, *serjeant, holding the lance which pertained to his office.*

Ffol. 3^{v}. Y distain, sef prif ystiward y llys, a dysgl yn ei law. Tebyg fod ei wisg ddeuliw yn adlewyrchu un a nodweddai ei swydd. Mae'r gair distain, yn annisgwyl, yn fenthyciad o'r Saesneg ('dish-thane'). Erbyn y drydedd ganrif ar ddeg yr oedd y distain mewn gwirionedd wedi dod i weithredu fel prif weinidog.

Fol. 3^{v}. The distain, *steward, a dish in his hand. The two-coloured gown probably represents one associated with his office. The word* distain, *surprisingly, is borrowed from English ('dish-thane'). By the thirteenth century the office of* distain *had in reality become that of chief minister.*

Ffol. 20v. Ar adar.
Fol. 20v. On birds.

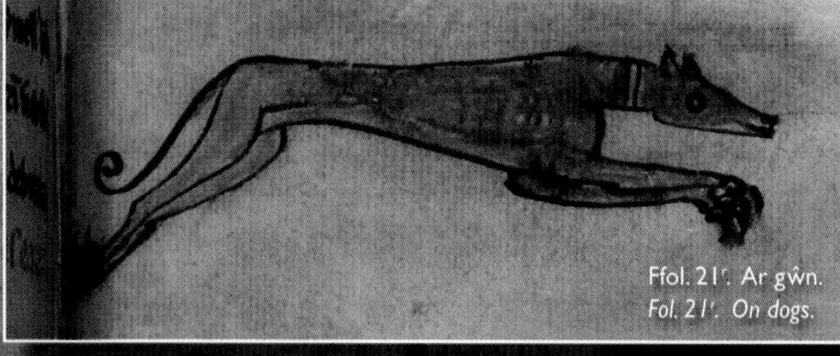

Ffol. 21r. Ar gŵn.
Fol. 21r. On dogs.

Ffol. 5^{v}. Y drysor a'r porthor. Allweddi gan y naill a byrllysg gan y llall (fe gysylltir byrllysg â swydd y drysor mewn rhai testunau).

Fol. 5^{v}. The drysor, *doorkeeper, and* porthor, *gatekeeper. One holds keys, the other a mace (a mace is mentioned in some texts in connection with the office of doorkeeper).*

Ffol. 22^{r}. Ar wenyn.

Fol. 22^{r}. On bees.

Mae'r inc a welir yn y darluniau yn Peniarth 28 yn edrych yr un fath ag inc yr ysgrifen. Dichon mai'r un oedd yr arlunydd a'r ysgrifwr. Defnyddiai ddau brif liw ar wahân i'w inc du: coch a gwyrdd. Defnyddir hefyd ar adegau ryw felyn tenau, rhyw frown tenau ac unwaith (ar gyfer y carw) ryw frown tenau cochaidd. Yn anffodus, yn y gwyrdd a ddefnyddid (ferdigris, mae'n debyg) yr oedd yna duedd i fwyta trwy'r memrwn; erbyn heddiw gwelir ambell dwll yn y ddalen.

Perthyn rhan helaethaf y darluniau yn Peniarth 28 i ddwy gyfres. O ffolio 1^{v} hyd 6^{v} ceir darluniau o'r brenin a rhai o'r pedwar swyddog ar hugain oedd yn perthyn i'w lys. Mae diddordeb arbennig yn perthyn i'r darluniau hyn gan nad oes gennym lawysgrif arall yn cynnwys ymgais gan Gymro o'r drydedd ganrif ar ddeg i bortreadu ei gyfoeswyr (a bwrw nad copïo o gynsail gynharach yr oedd yr arlunydd). Ar ffolio 15^{v} a 17^{v} ceir lluniau eraill o bobl. Yna, ar ffolio 20^{v} hyd 26^{v} daw cyfres o ddarluniau adar, anifeiliaid a phethau sydd o werth cyfreithiol, yn dynodi dechrau'r gwahanol adrannau sy'n ymdrin â'r gyfraith yn ymwneud â hwy. Er bod ambell ddarlun wedi dioddef trwy draul ar y llawysgrif, ac ambell un yn ddigon distadl ei gynnwys, fe gynhwysir pob un yn y llyfryn hwn, er mwyn gwneud cofnod llawn amdanynt.

The ink used for the drawings of Peniarth 28 looks like that of the script. Possibly the illustrator and scribe were one and the same. Apart from the ink, two main colours were used: red and green. Now and again a thin yellow and a thin brown are used and once (for the deer) a thin reddish flesh colour. The green which was used (probably verdigris) had an unfortunate corrosive quality; at several points it has eaten through the parchment.

Most of the illustrations in Peniarth 28 fall into two series. From fol. 1^{v} to fol. 6^{v} there are pictures of the king and of some of the twenty four officials of his court. Particular interest attaches to these drawings as they are the only manuscript drawings of contemporaries by a thirteenth-century Welshman (supposing that the artist was not copying from an earlier exemplar). On fol. 15^{v} and 17^{v} there are other drawings of people. Then, on fol. 20^{v} to 26^{r} comes a series of drawings of birds, animals and things of legal value, marking the beginning of the sections in which the law relating to each of them is treated. Although a few of the drawings have suffered from damage to the manuscript, and others are somewhat trivial in their contents, each of them has been reproduced in this booklet, for the sake of publishing a complete record of them.

Ffol. 26^{r} (dalen sydd wedi cael niwed). Ar eifr; ar wyddau ac ieir. Bu hefyd ar y tudalen hwn ddarlun o gath, a gynrychiolir bellach gan amlinelliad twll yn y ddalen lle bwytaodd y lliw gwyrdd trwy'r memrwn.

Fol. 26^{r} (a damaged leaf). On goats; on geese and hens. On this page there was also a drawing of a cat, now represented by the outline of a hole where the green has eaten through the parchment.

Ffol. 23^{v}.
Ar gleddyfau
a tharianau.

*Fol. 23^{v}. On swords
and shields.*

Ffol. 21^{v}.
Cyfraith hela.

*Fol. 21^{v}.
The law
of hunting.*

Ffol. 25^{r}.
Ar foch.

*Fol. 25^{r}.
On pigs.*

Ffol. 22^{r}. Ar goed. Mae William Linnard, 'Mân-ddarlun yn llsgr. Peniarth 28', *Cylchgrawn Llyfrgell Genedlaethol Cymru* xxiii (1984), tt.422–4, yn dangos fod y naill goeden (ar y chwith) yn cynrychioli torri copi a'r llall yn cynrychioli tocio, sef y ddau ddull cyffredin gynt o drin coed a chael cnwd.

Fol. 22^{r}. On trees. William Linnard, 'Mân-ddarlun yn llsgr. Peniarth 28', National Library of Wales Journal *xxiii (1984), pp.422–4, shows that one tree (on the left) represents coppicing and the other lopping; these were the two traditional methods of managing woods.*

Ffol. 25v.
Ar ddefaid.

Fol. 25v.
On sheep.

Ffol. 23ᵛ. Ar ychen a buchod.
Fol. 23ᵛ. On oxen and cows.

Ffol. 24ᵛ. Ar geffylau.
Fol. 24ᵛ. On horses.

Ffol. 11v.
Llythyren C
addurnedig ar
ddechrau adran
ar gyfraith tir
a daear.

Fol. 11v.
A decorated letter
C at the beginning
of a section on
the law of land.

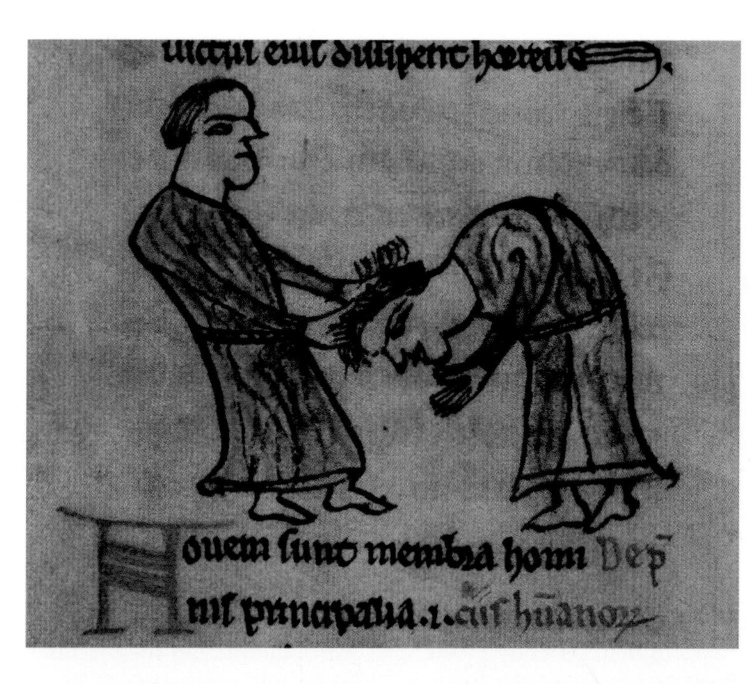

Ffol. 15v.
Tynnu gwallt,
yn enghraifft
o sarhaed.

Fol. 15v.
Pulling hair,
as an example
of sarhaed
(insult/injury),
for which
compensation
was due.

Ffol. 17v.
Dynes â dysgl.
Dechrau'r adran
ar gyfraith y
gwragedd.

Fol. 17v.
A woman with a
dish. The beginning
of the section on
the law of women.

Llyfryddiaeth

Argreffir testun Peniarth 28, ynghyd â thestunau'r fersiynau Lladin eraill ac astudiaeth sylfaenol o'r llawysgrifau a'u testunau, yn H. D. Emanuel, *The Latin Texts of the Welsh Laws* (Caerdydd, 1967). Mae cyfieithiad o'r testun i'r Saesneg gan Ian F. Fletcher, *Ladin Redaction A of the Law of Hywel* (Aberystwyth, 1986). Man cychwyn deall cyfraith Hywel yw Dafydd Jenkins, *Cyfraith Hywel* (ail argraffiad, Llandysul, 1976). Llawlyfr anhepgorol yw Dafydd Jenkins, *The Law of Hywel Dda: Law Texts from Medieval Wales translated and edited* (Llandysul, 1986). Ceir cyflwyniad cryno yn A. D. Carr a Dafydd Jenkins, *Trem ar Gyfraith Hywel* (Hendy-gwyn, 1985). Ar lawysgrif Peniarth 28 ei hun gweler Daniel Huws, *Medieval Welsh Manuscripts* (Caerdydd, 2000), tt.169–76. Cynigir cefndir i'r pwnc gan Huw Pryce, *Native Law and the Church in Medieval Wales* (Rhydychen, 1993) a *The Welsh King and his Court*, gol. T. M. Charles-Edwards, Morfydd E. Owen a Paul Russell (Caerdydd, 2000).

Bibliography

The text of Peniarth 28 is printed, together with those of the other Latin redactions and a fundamental study of the manuscripts and texts, in H. D. Emanuel, *The Latin Texts of the Welsh Laws* (Cardiff, 1967). The text is translated into English in Ian F. Fletcher, *Latin Redaction A of the Law of Hywel* (Aberystwyth, 1986). The indispensable guide for the English reader who wishes to learn more about the law of Hywel is Dafydd Jenkins, *The Law of Hywel Dda: Law Texts from Medieval Wales translated and edited* (Llandysul, 1986). A. D. Carr & Dafydd Jenkins, *A Look at Hywel's Law* (Hendy-gwyn, 1985) provides a good brief introduction. On the manuscript Peniarth 28 itself see Daniel Huws, *Medieval Welsh Manuscripts* (Cardiff, 2000), pp.169–76. Huw Pryce, *Native Law and the Church in Medieval Wales* (Oxford, 1993) and *The Welsh King and his Court*, ed. T. M. Charles-Edwards, Morfydd E. Owen & Paul Russell (Cardiff, 2000) offer a background to the subject.

ISBN 978-1-86225-067-3

Argraffiad cyntaf: 1988
Originally published: 1988

Dylunio/Design: Olwen Fowler
Argraffu/Printing: Y Lolfa